AF227155

NOTICE BIOGRAPHIQUE

SUR

LE DOCTEUR CHATELAIN (VICTOR)

MÉDECIN PRINCIPAL DE 1ʳᵉ CLASSE (EN RETRAITE)
OFFICIER DE LA LÉGION D'HONNEUR

PAR

LE Dʳ CHATELAIN (DE LUNÉVILLE)

Ancien interne des hôpitaux de Strasbourg, médecin des épidémies
de l'arrondissement de Lunéville.
Membre correspondant de la société de médecine
de Nancy.

LUNÉVILLE

Imprimerie de Majorelle, rue Banaudon, 14.

—

Juin 1867.

Le 10 février 1867 s'éteignait à Paris, après une longue et douloureuse maladie, le Dr Chatelain (Joseph-Victor), médecin principal de 1re classe, en retraite, officier de la Légion d'honneur.

Suivant son désir, sa dépouille mortelle fut ramenée en Lorraine et inhumée au cimetière de Préville, à Nancy sa ville natale, où il avait occupé durant plusieurs années le poste de médecin en chef de l'hôpital militaire.

Il était naturel de penser que la société de médecine de Nancy, dont il avait été longtemps un des membres titulaires les plus actifs et dont il était resté membre correspondant, se ferait un devoir de se faire représenter à ses funérailles et d'adresser un dernier adieu au confrère et à l'ami.

Il n'en a point été ainsi.....

De son côté l'honorable médecin en chef chargé actuellement du service de l'hôpital, avait l'intention de retracer en quelques mots la vie militaire et scientifique de son prédécesseur; les renseignements lui ont fait défaut et nous savons que là a été la seule cause de son abstention.

Nous croyons donc de notre devoir, comme parent et surtout comme ami, de combler cette lacune, en publiant cette courte notice biographique.

NOTICE BIOGRAPHIQUE

SUR LE Dr CHATELAIN (Victor).

Chatelain (Joseph-Victor) naquit à Nancy le 9 janvier 1804. D'une santé assez délicate les premiers temps de son enfance se passèrent à la campagne, au milieu de parents qui depuis lors ont toujours conservé pour lui la plus vive affection.

Son père, chef de division à la préfecture de la Meurthe, le destina de bonne heure à une carrière libérale.

C'était l'époque où les Haldat et les Simonin, auxquels se joignirent bientôt les Serrières et les Bonfils, inauguraient à Nancy leur brillant enseignement libre. Victor Chatelain doué d'un esprit profondément observateur, puisa près de ces illustres maîtres les premiers éléments d'une science, dont il devait être l'un des adeptes les plus fervents et les plus dévoués. Le zèle avec lequel il aborda ses études, lui acquit bien vite l'estime de ses professeurs, estime qui ne s'est jamais démentie et dont le vénérable docteur Simonin père lui a donné une nouvelle preuve, en accompagnant son ancien élève à sa dernière demeure.

Reçu bachelier en 1821, Victor entra au service en

1823, après deux années d'études, et passa successivement, comme sous-aide surnuméraire puis provisoire, aux hôpitaux de Metz et de Sedan.

Du mois de septembre 1823 à février 1825 il fit partie, en qualité de sous-aide titulaire, du 4e corps de l'armée d'occupation d'Espagne et fut attaché aux hôpitaux de Mataro d'abord puis de Barcelonne.

Sa correspondance à cette époque révèle une profonde vénération pour son père, un vif attachement pour tous les membres de sa famille, attachement dont il a depuis donné bien des preuves; elle montre chez lui une maturité de caractère au-dessus de son âge, elle est empreinte de cet esprit d'observation, de ce sérieux qu'il est si rare de trouver chez un jeune homme de 19 ans. Et cependant Victor ne fuyait point le monde, il savait, même en Espagne, se créer des relations, se faire de ses collègues et de ses chefs des amis et il a su conserver toute sa vie l'estime et l'affection de ceux qui l'ont connu.

Le corps des officiers de santé n'était point alors organisé comme aujourd'hui. Le jeune sous-aide entré au service sans aucun grade universitaire, pouvait ainsi continuer longtemps sa carrière et le titre de docteur ne lui devenait obligatoire que pour arriver aux emplois supérieurs. Trop souvent aussi l'occasion manquait. Isolé de tout centre scientifique, n'ayant entre les mains presqu'aucun moyen de se livrer à des études sérieuses et suivies, on comprend aisément que le but, le désir de tous était d'arriver aux hôpitaux d'instruction et surtout dans une ville siége d'une faculté de médecine; mais il fallait aussi profiter à la hâte de cet avantage, il fallait acquérir au plus vite le diplôme, pour reprendre bientôt après la vie nomade du chirurgien militaire.

Rentré en France en 1825, attaché d'abord à l'hôpital de Nancy, ce fut donc avec un vrai bonheur que Victor se vit peu de temps après désigné pour l'hôpital d'instruction de Strasbourg.

C'est là qu'il obtint ses dernières inscriptions et qu'il subit ses cinq examens de doctorat.

Il ne lui restait que la dernière épreuve, sa thèse inaugurale, quand une mesure disciplinaire nécessitée par un acte d'insubordination de l'école tout entière et prise par le chef de bureau des hôpitaux sans l'assentiment du conseil de santé, vint frapper, comme cela n'arrive que trop souvent en pareille circonstance, quatre des moins coupables. L'ordre de partir pour Toulouse lui fut donné en même temps qu'à trois de ses collègues.

Je ne puis mieux faire pour leur justification à tous que de citer ici le certificat qui leur fut délivré à chacun individuellement par M. Béclard, indigné d'une mesure qui pouvait briser l'avenir de ces jeunes gens.

Je soussigné...... me crois autorisé à déclarer que sous le rapport de sa conduite privée, de son service et de ses talents, M. Chatelain aura des droits à l'estime de ses nouveaux chefs comme il en a eu à la mienne, que sa mutation est presqu'entièrement le résultat du *sort* auquel il a fallu en grande partie *s'en rapporter,* dans une affaire d'ordre et de police intérieure de l'hôpital.

C'était une véritable disgrâce; cependant muni des meilleurs renseignements de ses chefs directs et des professeurs de la faculté, Victor se rendit à Paris où il n'eut point de peine à se justifier aux yeux du conseil de santé et du ministre. Néanmoins, comme au point de vue de la discipline militaire le supérieur ne pouvait avoir tort, son envoi à Toulouse fut maintenu, mais avant de se rendre à son poste il obtint un congé qui lui permit de terminer sa thèse et de la soutenir le 9 avril 1827 devant la faculté de Paris.

Ce travail sur la menstruation, premier fruit de consciencieuses études, contient des observations curieuses et intéressantes de déviation des règles.

Nommé bientôt après aide-major, il fit en cette qualité la campagne de Morée en 1827 et 28.

Il prit part avec le 29e d'infanterie de ligne à l'expédition dirigée contre Patras et au siége du château de Morée, dans lequel son régiment pénétra le premier après douze jours de tranchée et une lutte énergiquement soutenue de part et d'autre.

A son retour, il retrouva à Avignon celle qu'il n'avait quittée qu'avec regret et qui devait être un an plus tard la compagne inséparable de sa vie.

Les nombreuses fatigues résultant de ces deux campagnes d'Espagne et de Morée, l'obligèrent alors à demander un congé de non activité. Du 27 septembre 1831 au 16 mars 1833 il resta à Nancy, dans sa famille, pour y rétablir sa santé. Mais il comptait sans ce feu sacré du dévouement qui semble comme l'apanage du corps médical au jour des grandes calamités. Le choléra éclate dans le département de la Meurthe, indépendant, libre de ses actions et de ses volontés, Victor Chatelain n'écoute que son zèle, se met à la disposition de l'administration et pendant plus de cinq mois, parcourt près de vingt communes rurales, prodiguant ses soins et ses encouragements aux malades atteints de l'épidémie. C'est qu'il possédait à un haut degré ce sentiment du devoir, cette calme abnégation en face du danger, dont nos chirurgiens militaires ont donné tant de preuves sur les champs de bataille.

A la même époque, il remplit aussi les fonctions de secrétaire-adjoint du comité de salubrité du département et de médecin du bureau de bienfaisance dans l'une des sections de la ville de Nancy.

Rentré au service en 1833, il fut attaché d'abord au 41e régiment de ligne et ensuite au 3e d'artillerie en garnison à Strasbourg.

A la suite d'une chute violente qu'il avait faite quelque temps auparavant sur le genou, une inflammation sérieuse s'était déclarée; Bégin, chirurgien en chef de l'hôpital militaire de Strasbourg et professeur à la faculté de médecine lui prodigua ses soins. Dans une autre circonstance douloureuse pour son cœur paternel, Bégin fut encore son bienfaiteur et son ami et depuis parvenu à la plus haute position de la chirurgie militaire, président du conseil de santé, le maître se souvint toujours de lui et sa bienveillance ne lui fit jamais défaut. Je voudrais pouvoir citer à ce sujet une lettre de Bégin; mais il est des souvenirs qui ne doivent point sortir de l'intimité.

En 1838 Victor obtint le grade de chirurgien major au 35ᵉ régiment de ligne.

En 1842 un ordre ministériel le chargea provisoirement du service des fiévreux dans les salles militaires de l'hôpital civil de Lunéville. Il laissa dans cette ville de bons souvenirs et j'ose affirmer que la réclamation adressée alors au ministre, contre l'introduction d'un médecin militaire dans un hôpital civil, a été une question de principe et non une question personnelle.

Quoiqu'il en soit, son séjour y fut de courte durée et il fut envoyé la même année à Phalsbourg comme médecin en chef. Cette ville était alors à peu près dépourvue de médecins. Pendant les deux années qu'il y était resté il s'était acquis une nombreuse clientèle qui aurait suffi largement à l'occuper; il aurait pu sans aucun doute, quitter le service pour s'y installer définitivement; mais Victor qui acceptait aisément la régularité et la ponctualité de la vie militaire, ne voulut point se plier aux exigences souvent capricieuses de la clientèle civile ni renoncer à sa carrière de prédilection.

Victor Chatelain devait aussi payer largement son tribut à notre belle colonie d'Algérie où se sont formés tant de génies militaires. En quittant Phalsbourg il fut attaché aux ambulances de l'armée d'Afrique et bientôt après à l'hôpital de Mustapha, comme médecin traitant. C'est là qu'il obtint la croix de chevalier de la Légion d'honneur.

A son retour il fut nommé médecin en chef de l'hôpital de Maubeuge, puis de la Rochelle et enfin de Nancy. Dès lors il était au comble de ses vœux. Il aspirait depuis longtemps aux hôpitaux, c'était là son but, son unique désir et le séjour de Nancy sa ville natale, devait lui être plus agréable que tout autre.

C'est là surtout que nous l'avons connu, que nous avons pu apprécier les effets de sa paternelle bonté et que nous lui avons dès lors voué une affection toute filiale.

Bien plus médecin que soldat, il employait tous les loisirs que lui laissait son service à des études sérieuses; il préparait avec un soin tout particulier le résumé des cas intéressants qui passaient sous ses yeux, pour en donner communication à la société de médecine, dont il fut pendant cette période de temps un des travailleurs les plus infatigables et qu'il eut même l'honneur de présider pendant l'année 1851-52.

Médecin en chef de cet hôpital il y fut nommé principal de 2e classe et il ne quitta cette ville, après un séjour de 12 ans, qu'en 1860, pour retourner une seconde fois en Afrique comme principal de 1re classe et médecin divisionnaire de la province d'Oran.

Mais après un séjour de 3 ans, sa santé devint plus chancelante; des accès de fièvre rémittente, une sorte de nostalgie l'obligèrent à rentrer en France; c'est alors qu'il obtint sa retraite et la croix d'officier de la Légion d'honneur, digne récompense de ses longs et loyaux services.

Victor vint se fixer à Paris où il retrouva l'amitié d'anciens et bons camarades, dont la sympathie l'a accompagné jusqu'à la fin de sa carrière et dont les soins dévoués n'ont pas peu contribué à adoucir l'amertume de ses derniers instants.

Il a succombé le 10 février 1867 aux accidents produits par une obstruction intestinale, dont la nature n'a pù être bien reconnue. Il est mort entouré de ses confrères et amis les Docteurs Maillot, Godelier, Faure, Villamur et Bégin dont les soins aussi éclairés qu'assidus n'ont pu le guérir, mais l'ont du moins soulagé souvent et consolé toujours.

Son dernier vœu a été de reposer près des siens, sur la terre de Lorraine, dans cette ville de Nancy où, vivant, il aimait tant à revenir.

Si Victor Chatelain n'a point produit de ces longs traités, dont le rude labeur suffit pour occuper moitié d'une existence, sa carrière scientifique n'en a pas moins été aussi dignement remplie que le permettait la vie active du chirurgien militaire.

Outre de nombreux rapports trimestriels sur les services dont il était chargé, il a adressé au conseil de santé divers travaux sur la dyssenterie, la fièvre typhoïde et le choléra, accompagnés toujours des résultats nécroscopiques.

Je citerai encore son mémoire sur l'emploi du coton et des pansements rares dans le traitement des plaies et ulcères. (Inséré au 39e volume des mémoires de médecine militaire.)

Mais c'est surtout la société de médecine de Nancy, qui lui doit d'intéressantes communications, toutes insérées dans ses comptes-rendus annuels. En voici du reste l'indication :

1° Résumé des rapports trimestriels adressés au conseil de santé des armées pendant l'année 1849. (Compte-rendu 1851.)

2° Observations de 11 autopsies de cholériques. (Même année.)

3° Observation de rétrécissement organique de l'iléon avec obstacle au cours des matières et péritonite sur-aiguë mortelle, suite de cicatrisation d'anciens ulcères intestinaux dothinentériques. (1853).

4° Compte-rendu du service médical de l'hôpital militaire. (1853.)

5° Observation d'une opération du trépan dans un cas d'enfoncement du crâne, guérison. (1853.)

6° Quatre observations d'abcès du foie, recueillies en Algérie. (1853.)

7° Réflexions sur divers cas d'héméralopie observés en Morée et à Strasbourg. (1853.)

8° Observation de fistule complète à l'anus, produite et entretenue par la présence d'un os avalé sept mois auparavant, opération; guérison rapide. (1853.)

9° Ruptures multiples de la rate avec hémorrhagie libre et abondante dans le péritoine, sans péritonite, suite d'une chute du 2e étage, au 7e jour d'une variole confluente ataxique. Mort le 5e jour après l'accident; cicatrisation déjà avancée des solutions de continuité. (1857.)

10° Histoire de la petite épidémie de choléra qui a régné pendant le mois d'octobre dans la garnison. Observations sur cette maladie faites en 1832-34 49-54 et 55. (1857.)

11° Observation de delirium tremens chronique; ramollissement des tissus encéphaliques et rachidiens. (1858.)

12° Observation de glycosurie. (1858.)

Envisagé comme médecin, comme homme de science, Victor Chatelain était éminemment travailleur. Je ne sais si dans le cours de sa longue carrière médicale, il a laissé échapper un seul cas curieux sans en recueillir l'observation. Les nombreuses notes qui m'ont été transmises par sa famille, en sont la preuve et je possède encore de lui un certain nombre d'observations inédites réellement intéressantes.

Il appartenait à cette école de positivisme médical dont Broussais fut le plus illustre représentant et dont la tendance constante était de localiser les maladies et de les rattacher à des lésions organiques. Sa pratique cependant, était loin d'être aussi exclusive que celle du médecin en chef du Val de grâce. Partisan de la médecine physiologique, il savait admettre lorsqu'il le fallait, ces troubles fonctionnels à formes si variées et que les plus scrupuleuses recherches n'ont pu, jusqu'à présent, rattacher à aucune affection locale et matérielle. En tout cas, jamais il n'a négligé aucun des moyens d'investigation qui étaient à sa portée; observateur minutieux et méthodique, je doute fort qu'il ait laissé passer un seul cas malheureux, sans vérifier son diagnostic par l'autopsie.

Mais c'est surtout comme praticien et comme praticien militaire que Victor Chatelain a noblement payé sa dette à la patrie et à l'humanité.

Entré au service à 19 ans, il est allé en Espagne, en Morée et deux fois en Afrique. Attaché pendant 13 ans à l'armée active et pendant 26 ans aux hôpitaux, il n'a quitté le service militaire qu'au terme réglementaire fixé par la loi.

D'une scrupuleuse exactitude dans l'accomplissement de ses devoirs, il en exigeait autant de ses subordonnés, mais sa rigueur sous ce rapport était toujours tempérée par un air de bienveillance qui lui gagnait tous les cœurs.

Combien de fois ne l'avons-nous pas entendu déplorer le peu d'union qui existe dans le corps médical. C'était là, j'ose l'affirmer, un des principaux motifs qui lui faisaient préférer la chirurgie militaire, où l'esprit de corps maintient parmi ses membres la bonne harmonie et la véritable confraternité.

Sans aucun doute, si son départ de Nancy pour l'Algérie n'eut coïncidé avec la création de la société de prévoyance et de secours mutuels des médecins de la Meurthe, *si surtout il eut pu espérer voir cette société produire des fruits d'union et de concorde,* quoique médecin militaire, il eut été un des premiers à en faire partie.

Il avait foi dans son art, il croyait au bien qu'il était appelé à faire; il voulait que le médecin fut l'homme du dévouement à l'humanité, mais il voulait aussi que le médecin fut respecté et considéré. Aussi personne ne portait plus haut que lui le drapeau de l'honorabilité médicale; il avait ce sentiment de noble et fière indépendance que donne la satisfaction du devoir consciencieusement accompli.

Et quand, après une vie de fatigues et de labeurs incessants, l'heure du repos vint à sonner pour lui, on put avec raison lui appliquer cette parole de Zimmermann : « *La vieillesse du médecin respectable par son mérite est une vieillesse honorable, sa gloire le suit partout.* »

Entouré de l'affection de sa famille et de ses amis, de l'estime de ses confrères et de la considération publique, pourquoi faut-il qu'il ait si peu joui de cette vie calme et paisible ?

Ah ! sans doute, cher confrère et vénérable ami, la providence dans ses immuables desseins, te réservait, au séjour de l'éternel repos, la récompense de tes vertus.

> « Gaudete et exultate; quoniam merces vestra
> » copiosa est in cœlis ! »

Pour nous qui t'avons connu, qui t'avons apprécié et aimé, ton souvenir restera à jamais gravé dans nos cœurs.

Victor Chatelain n'a pas été un de ces génies qui ont étonné le monde par leurs découvertes dans l'art de guérir; mais sans autre protection que son mérite, il a conquis une des plus hautes positions de la chirurgie militaire, il a été un praticien habile, un médecin consciencieux et un homme de bien.

Lunéville. — Impr. de Majorelle.

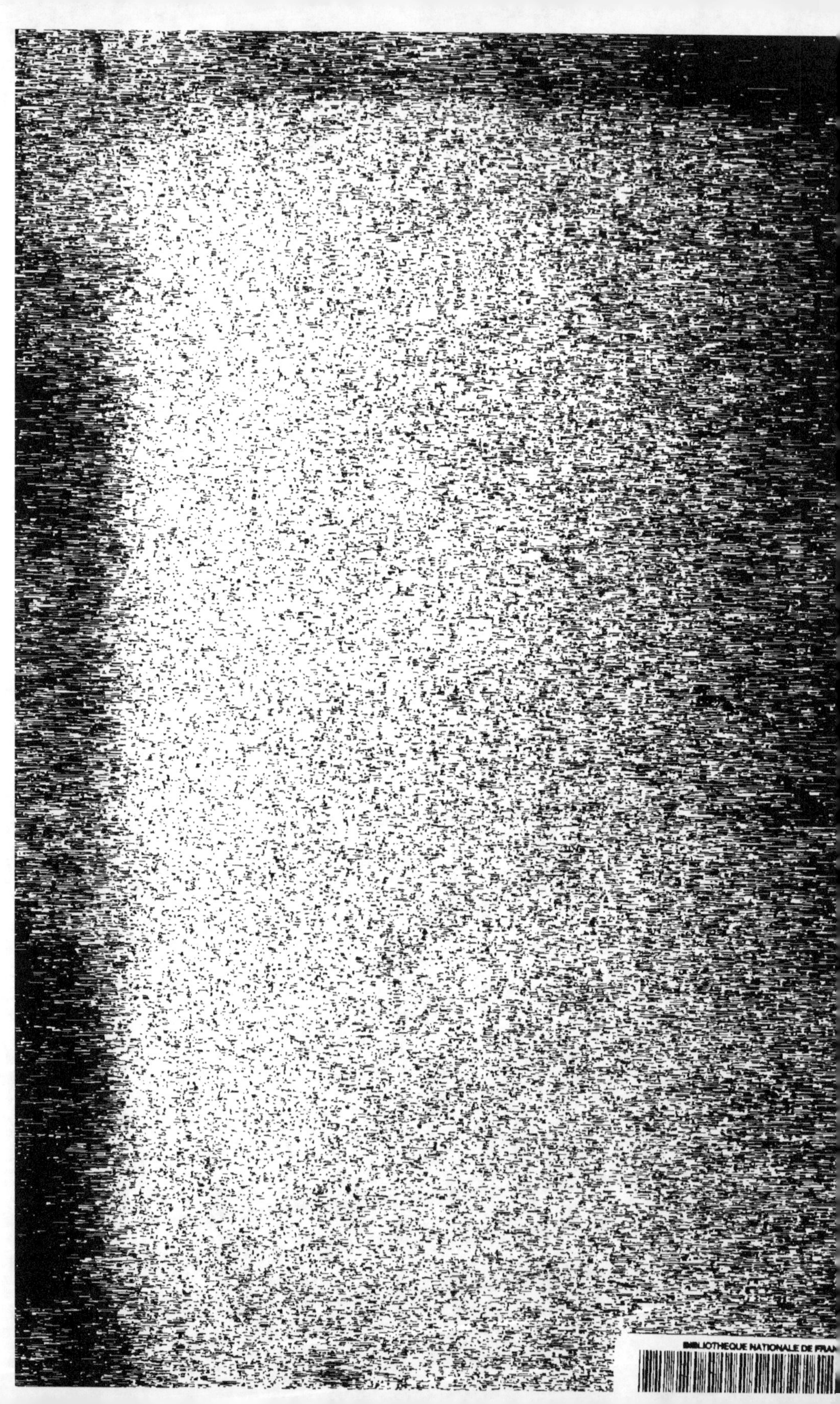